LE
PROGRAMME POLITIQUE
Des Campagnes

PROCÈS-VERBAL

De la Réunion publique organisée à Saint-Aulaye, le 10 Octobre 1897, par le Comité central de la Ligue Républicaine progressiste.

Prix : 0 fr. 50 Centimes

RIBÉRAC

ERIE ET LIBRAIRIE LÉOPOLD LADOIRE

1897

LE
PROGRAMME POLITIQUE
Des Campagnes

PROCÈS-VERBAL

De la Réunion publique organisée à Saint-Aulaye, le 10 Octobre 1897, par le Comité central de la Ligue Républicaine progressiste.

Prix : 0 fr. 50 Centimes

RIBÉRAC

IMPRIMERIE ET LIBRAIRIE LÉOPOLD LADOIRE

1897

PROCÈS-VERBAL

DE LA

Réunion publique du 10 Octobre 1897, à Saint-Aulaye

———•‖•———

A l'ouverture de la séance, le Bureau a été ainsi constitué :

Président : M. Petit Della, propriétaire et maire de Puymangou.

Assesseurs : MM. Regondeau Ernest, propriétaire à Chenaud ; Chinaguet Pierre, propriétaire et conseiller municipal de Saint-Michel-Léparon.

M. le président donne la parole au secrétaire du Comité pour la lecture du procès-verbal de la réunion privée du 19 septembre relative à la formation du Comité central.

Procès-Verbal de la Réunion privée du 19 Septembre 1897

Le 19 septembre 1897, les représentants des communes, convoqués pour faire partie du Comité central de la *Ligue républicaine progressiste*, se sont réunis à Saint-Aulaye, à midi, en réunion privée.

M. Biret a pris la parole et s'est exprimé en ces termes :

Messieurs,

Journellement appelé, par mes relations d'affaires, à vivre au milieu de nos populations rurales, j'ai été convaincu de la possibilité de grouper, en une puissante Ligue politique, la majeure partie des électeurs cantonaux.

Pour arriver à ce résultat, j'ai fait appel à votre bonne volonté, persuadé d'avoir, en vous, des collaborateurs dévoués. Je viens vous remercier d'avoir bien voulu répondre à ma convocation. Il est un fait certain, c'est que toute la politique d'aujourd'hui repose sur cette arme puissante des associations. Cent personnes agissant en groupe, obtiendront plus que mille agissant isolément. Jamais la nécessité de se grouper ne s'est fait plus fortement sentir. La loi du 21 mars 1884, sur les syndicats professionnels, a été détournée de son véritable but; elle est devenue plutôt une arme politique qu'une question d'affaires. Seules, d'ailleurs, les corporations des villes ou des centres industriels, en ont profité. Les quelques syndicats agricoles ou autres qui se sont créés, dans les campagnes, se sont, à juste raison, plutôt occupés d'affaires commerciales ou de professions que d'affaires politiques, et n'ont pas eu pour effet d'attirer sur eux l'attention des pouvoirs publics. Il en est résulté, pour les campagnes, un sérieux préjudice auquel il y a lieu de remédier. En France, les populations rurales comprennent les quatre cinquièmes environ de la population totale et représentent les intérêts vitaux du pays.

Il n'est pas toujours facile, Messieurs, de grouper les électeurs des campagnes. Le petit propriétaire et l'ouvrier rural vivent plutôt du produit de leur travail que de politique. Convaincus, pour la plupart du temps, de l'inutilité de leurs déplacements, ils hésitent à se rendre aux lieux de réunions, d'où ils sont d'ailleurs souvent séparés par de très grandes distances. Il y a lieu aussi, et surtout, de compter avec l'indifférence.

Avant de chercher à réaliser l'idée qui fait l'objet de notre première réunion, je me suis pénétré de ces difficultés; je suis persuadé, aujourd'hui, qu'elles ne sont pas insurmontables; je suis même certain à l'avance du succès.

Vous ne me trouverez pas trop optimiste, lorsque je vous aurai dit que de tous les points du canton j'entends les réclamations unanimes des habitants.

J'ai souvent demandé à ces personnes si elles seraient disposées à soutenir un Comité chargé de grouper leurs idées; toutes m'ont répondu affirmativement et d'une façon enthousiaste.

J'ai pris l'initiative de la formation de ce Comité, décidé à apporter au succès de l'œuvre, sans ambition ni espoir d'avantages personnels, sans idée de candidature d'aucune sorte, toute la bonne volonté et l'énergie dont vous me connaissez capable. Notre Ligue, Messieurs, sera républicaine, nous voudrons maintenir la plénitude de nos droits et de nos libertés; nous ne voudrons pas rétrograder. Mais nous voudrons cette République forte par l'économie, la sagesse, le travail, par une meilleure réglementation des conditions de l'existence sociale.

Nettement opposés aux idées trop avancées, nous combattrons de toutes nos forces la mise en pratique des formules irréalisables. Ce sera notre ligne de conduite politique.

Au point de vue des affaires, nous demanderons le développement de notre agriculture, et la diminution des charges qui pèsent trop lourdement sur elle ; une plus équitable répartition de nos impôts. Nous prierons les pouvoirs publics de vouloir bien fixer leur attention sur nos campagnes et les soulager du fardeau de misères auxquelles elles sont assujetties.

Je connais trop l'esprit de nos populations pour ne pas croire que, sur un semblable programme, nous ne réunissions l'immense majorité des électeurs cantonaux.

Pour arriver à ce résultat, nous ferons un chaleureux appel au concours de toutes les bonnes volontés, sans aucune distinction de personnalités ni d'anciens partis. Nous voudrons un apaisement politique, une république accessible à tous ceux qui voudront penser et agir comme nous dans un but d'intérêt public.

Nous voudrons bien, messieurs, observer en tout temps, dans nos relations politiques, les règles de la plus stricte délicatesse. Nos discussions, nos ripostes, frapperont toujours sur les principes, jamais sur les personnes ; nous éviterons avec soin tous propos blessants.

Nous n'oublierons pas que le meilleur moyen de faire respecter nos idées sera d'abord de respecter les idées des autres.

Comme vous le voyez, je n'ai convoqué, pour faire partie du Comité, ni messieurs les maires, ni les fonctionnaires, ni les personnages politiques qu'une haute situation aurait mis en évidence. Nous serons satisfaits de leur voir partager nos idées ; leur adhésion à notre cause, entrainera, nous en sommes certains, la totalité de leurs partisans, tandis que leur présence au Comité grouperait contre nous, le nombre quelquefois assez important de leurs adversaires.

A toutes ces influences politiques, à toutes ces personnes au sens droit et réfléchi, que n'anime aucune ambition et qui se rangeront parmi nous sans arrière-pensée, j'adresse déjà nos chaleureux remerciements anticipés.

Loin de moi l'idée de faire de notre Ligue un champ

d'élection chargé de présenter tel ou tel candidat aux élections législatives prochaines. Nous soutiendrons tous ceux qui s'engageront sur l'honneur à prendre la défense de nos intérêts, conformément au programme qui leur sera soumis.

Par contre, nous écarterons, par tous les moyens possibles, ceux qui nous seraient hostiles, ou que des doctrines réactionnaires éloigneraient de nos idées.

Le premier acte du Comité sera l'établissement et la présentation, aux électeurs, d'une pétition que nous soumettrons au Parlement par l'intermédiaire du député qui sera élu dans l'arrondissement au mois de mai 1898.

Pour l'accomplissement de cette mission, notre Comité aura besoin d'être secondé par des Sous-Comités communaux formés par vos soins et qui seront en rapport avec les électeurs.

Dans vos communes respectives, Messieurs, vous aurez à déployer beaucoup de zèle.

Arriver à bien exposer le but de la Ligue, à ne froisser personne, à rentrer à cet égard dans une politique d'apaisement basée sur nos revendications communes, telles sont les conditions indispensables pour la réussite.

Nous voudrons bien nous inspirer de ces considérations, et réfléchir que si notre action paraît isolée, les idées du programme dont je vais vous indiquer les grandes lignes sont acceptées, dans plus de trois mille cantons de France, par plus de huit millions de citoyens.

Formation du Comité central et Organisation de la Ligue

Après l'exposé général de ce programme, les membres présents ont accepté de faire partie du Comité directeur, qui, sous le nom du Comité central, aura pour mission :

1° De grouper les électeurs cantonaux et de leur faire signer une pétition pour la défense de leurs intérêts.

2° De soutenir en toutes circonstances les revendications de nos campagnes et de faire à ce sujet une sage et active propagande.

3° D'examiner le programme des candidats aux élections législatives prochaines et de donner des conseils aux électeurs.

4° De remettre solennellement la pétition au Député qui sera élu en 1898.

Son rôle se complètera pour la formation de Sous-Comités communaux et la préparation des statuts définitifs de la Ligue.

Son mandat expirera le jour de la remise du cahier des charges au député, et il devra aussitôt après faire procéder à de nouvelles élections au Comité central et aux Sous-Comités communaux par le suffrage universel des ligueurs.

Cette Ligue aura pour dénomination : **Ligue républicaine progressiste.**

En feront partie :

1° Comme président d'honneur : Le député de la circonscription s'il est élu sur un programme républicain et résolu à soutenir nos revendications.

2° Comme membres d'honneur : Le conseiller général, les conseillers d'arrondissement, les maires du canton, s'ils sont dans de semblables conditions.

3° Comme membres actifs : Les personnes composant le Comité central et les Sous-Comités communaux.

4° Tous les signataires de la pétition seront ligueurs.

Le Comité central procède ensuite à l'élection de son bureau, qui est chargé d'organiser à bref délai une réunion publique au chef-lieu de canton, où il sera donné communication de la formation de la Ligue et de son but, et où il sera aussi procédé à la nomination du Sous-Comité de la commune de Saint-Aulaye.

Ainsi fait et délibéré à Saint-Aulaye, les jour et an susdits.

M. Biret, président du Comité central, prend ensuite la parole, et fait ainsi qu'il suit l'exposé de la situation politique actuelle et des réclamations des campagnes.

Messieurs,

Au moment où, de toutes parts, les partis politiques s'agitent et cherchent à s'emparer des débris du pouvoir, pour établir sur notre vieille organisation sociale chancelante, les bases d'une société future, façonnée suivant leurs idées plus ou moins rétrogrades ou avancées, il est de l'intérêt, du devoir même, de nos populations rurales de se grouper pour faire aboutir leurs justes et légitimes revendications.

La déplorable situation faite aux habitants de nos campagnes, mérite une attention toute spéciale de la part des pouvoirs publics, qui semblent avoir, jusqu'à ce jour, détourné leurs regards de nos misères.

Ce mot, exprime bien nettement ma pensée et la condition d'existence à laquelle sont assujettis la plupart des petits cultivateurs, des petits commerçants, des ouvriers agricoles ou autres de nos campagnes, que menace une ruine certaine si une révolution économique à notre avantage, et une diminution de nos charges, ne viennent nous procurer un peu du bien-être auquel nous donneraient droit notre travail persévérant et la part calme, mais active, que nous prenons dans l'organisation de la société.

Lorsque l'agriculture va, tout va!

Tel n'est pas le cas, aujourd'hui, où nous traversons la plus terrible des crises agricoles de notre siècle, où, à la mévente de nos produits, à l'achat de plus en plus incertain de nos matières premières, au grave inconvénient du dépeuplement de nos campagnes, viennent s'ajouter de terribles fléaux, de plus en plus nombreux qui dévastent nos champs et nos récoltes.

Et, c'est au moment où nos mandataires devraient avoir le plus à cœur de nous venir en aide, que nous assistons au désolant spectacle de la lutte des partis.

Notre Parlement actuel est caduc et impuissant à faire aboutir les réformes tant désirées et depuis si longtemps promises.

Parmi vos élus, le nombre est bien restreint, de ceux qui, cherchant réellement vos intérêts et s'inspirant de vos besoins, font le nécessaire pour les satisfaire avec toute la sincérité et le désintéressement que comporte la grandeur de la mission qu'ils ont à remplir. Mais ils sont nombreux, ceux qui ne voient dans leur élection que le moyen de satisfaire leur ambition ou leurs rancunes, ou, dans la haute situation qui leur est procurée, celui de créer un piédestal à l'établissement de leur fortune personnelle.

Les nombreux tripotages de ces temps derniers qui ont été plus ou moins couverts; la scandaleuse affaire du Panama, dont nous ne connaîtrons jamais à fond toute la vérité, nous prouvent que parmi nos représentants il en est, et ce ne sont pas toujours les moindres, qui sont tout à fait indignes de l'être. Je dirai, n'ayant pas d'expression plus cinglante pour les flétrir, que ce sont des voleurs de haut vol!

Il serait intéressant, sans doute, de connaitre les discours parlementaires, d'étaler au grand jour cette lutte des partis, les basses intrigues des ministres se cramponnant à tout pour sauver leurs portefeuilles, et des ministrables usant de tous leurs pouvoirs pour les renverser et prendre leur place.

Les uns et les autres ont leurs partisans; ce sont les favoris d'aujourd'hui, ou ce seront les favoris de demain, qui, aujourd'hui comme demain, se déchireront mutuellement, au grand préjudice des intérêts généraux du pays.

A côté du petit nombre des bons et du nombre malheureusement trop considérable des indignes, nous trouvons le groupe de ceux qui n'ont de coupable qu'une trop grande faiblesse; qui, incapables de nuire par eux-mêmes, assistent cependant avec une certaine indifférence à cette débâcle parlementaire. Ce sont les timides qui se contentent, le plus souvent, de noyer dans des banquets politiques le chagrin des électeurs.

Vraiment, messieurs, cette comédie prêterait à rire, si nous n'en supportions les frais et si nous n'étions dans l'obligation d'en pleurer.

S'il est dur de se voir dans la nécessité de dire de semblables vérités, il est bien plus douloureux d'avoir à en subir les effets.

Je sais qu'il en est qui me trouveront par trop pessimiste et qui soutiendront, avec fortes thèses à l'appui, que tout va pour le mieux. A ces politiciens, nous répondrons : Tout va mal! Et je n'aurai pas besoin d'entrer dans de longs commentaires pour vous faire comprendre toute la véracité de mon affirmation. Je ne laisserai pas, cependant, passer inaperçu un fait qui vous prouvera que la gêne est encore beaucoup plus grande, chez nous, qu'elle ne paraît l'être.

Il m'est arrivé, l'an dernier, de rencontrer, sur ma route, l'huissier de contrainte, terminant, exténué de fatigue, une de ses tournées dans la commune de Saint-Michel-Léparon.

« Figurez-vous, me dit-il, que le service devient de plus en plus pénible; j'arrive de porter un nombre considérable de sommations, je dois m'arrêter presque à chaque porte; des personnes qui paraissent avoir une situation aisée, voire même des conseillers municipaux, s'y laissent prendre. »

Au récit de ce brave agent des contributions, je ne puis cacher que j'ai été saisi d'une douloureuse pitié. Je ne sais, cette pitié se changeant en colère, s'il ne me serait pas arrivé d'essayer de précipiter cet homme dans un ravin, s'il eût été responsable du mal qu'il causait.

Ah! Messieurs, si un grand nombre d'habitants de ma commune, si des personnes qui passent pour avoir toujours joui d'une certaine aisance, si même des conseillers municipaux se laissent surprendre par la contrainte du percepteur, c'est bien parce qu'il leur est impossible de faire mieux.

C'est qu'il y a longtemps, déjà, que les affaires vont mal; et ce mal, au lieu de cesser, empire de plus en plus.

Au début, le petit propriétaire, ne pouvant plus faire face à ses affaires par ses seuls revenus, s'est attaqué à son capital. Il a d'abord coupé un arbre, puis la seconde année, deux; au bout de quelque temps, la forêt entière y a passé. Une plus mauvaise année survenant, ou des fléaux s'abattant sur ses récoltes, il a fallu hypothéquer ses immeubles; les intérêts sont venus grossir le chiffre déjà élevé de ses impôts. C'est alors, qu'à bout de ressources, il attend la contrainte du percepteur, sachant qu'il ne pourra en acquitter le montant qu'en s'attaquant à son bétail, en vendant sa vache ou son cochon.

Le cas que je signale n'est malheureusement pas isolé; on peut dire que dans la masse de nos populations rurales il constitue la règle, tandis que le petit nombre de ceux qui ont pu résister à ces charges écrasantes et mener à bien leurs affaires, n'est que l'exception.

Je ne connais rien de plus triste, Messieurs, que la situation de ce petit propriétaire, de ce commerçant, à bout de ressources, luttant sans cesse, par de continuelles privations, par un travail opiniâtre pour retarder, aussi longtemps que possible, la date de sa fin prochaine, qui sera la faillite ou la vente des immeubles au tribunal, pour un prix dérisoire, considérablement grossi par les frais judiciaires, et qui ne suffira même plus à désintéresser les créanciers.

Et c'est au moment où le gouvernement nous pressure de plus en plus, augmente sans cesse, double ou triple nos impôts, que les caisses de l'Etat sont de plus en plus vides.

Après la dure nécessité de l'emprunt, causé par nos désastres de 1870, avec les nombreuses charges extraordinaires de la guerre, la réfection de notre flotte et de notre armement; avec la construction si nécessaire de nos routes et de nos chemins de fer, il aurait fallu un régime sévère d'économies. Nous savons tous qu'au lieu de cela nous avons eu le gaspillage, et que la banqueroute serait déjà venue, si l'Etat n'avait pour moyen d'entretenir ses caisses, celui de prendre de l'argent dans la caisse des contribuables.

Encore, sur ce point, nous savons tous, choquante injustice, que la répartition de cette charge n'est point faite suivant le degré de fortune des assujettis.

Avec le système actuel, presque aucun impôt n'échappe à la terre, sans doute parce que la terre est saisissable et que le fisc, s'inscrivant toujours le premier, l'immeuble répond de la solvabilité du contribuable.

Mais si l'impôt frappant le cultivateur est un impôt sûr, ce n'est pas une raison, ce me semble, pour que ce dernier en soit frappé outre mesure.

La plupart des professions libérales procurent à leurs titulaires, en même temps que d'assez gros émoluments, les conditions d'une vie agréable et facile; le rentier savoure les joies d'une existence toute de plaisir; l'artiste gagne quelquefois des sommes prodigieuses. Tout ce monde prend à la société, et souvent sans peine, tout l'argent qui lui sert à goûter le bien-être des villes, au milieu du luxe et des grandeurs, sans rien rapporter à l'Etat.

Les grands magasins, profitant de ce déploiement de luxe des villes, qui a aussi envahi les campagnes, réalisent, au détriment du petit commerce local, des affaires considérables, et ne rendent pas à l'Etat en proportion de leurs revenus.

Comme singulier contraste, nous voyons le cultivateur, souvent dédaigné de ces grands qu'il enrichit, cherchant, loin de cette société des villes, à gagner honorablement son pain quotidien par un continuel labeur et par une vie de privations, donner à l'Etat, non ses revenus — il n'en a point, — mais les produits de sa terre les plus indispensables à sa subsistance.

Que les nombreuses maladies sur sa vigne lui épargnent un semblant de récolte, au lieu de conserver ce peu de vin, il le vendra pour en porter le montant au percepteur; il vendra aussi ses animaux de basse-cour, ses plus modestes produits, tout enfin, en attendant que la société le chasse, à lui-même, de son exploitation.

Et cependant, cet homme, cette famille, sont levés à trois heures du matin, en été, et couchés seulement à dix heures du soir; toute la journée, toute l'année, occupés aux durs travaux, à travers toutes les intempéries, souvent mal logés, mal vêtus, n'ayant qu'une cuisine tout à fait modeste, lorsqu'elle ne se réduit pas à un seul morceau de pain noir, et pour toute boisson destinée à réparer leurs forces, une mauvaise piquette. Et ce sont ces gens-là que l'Etat pressure! Ah! misère!

Oui, mais viennent les fléaux, malheureusement trop fréquents qui, en quelques heures, emporteront ses récoltes, et le gouvernement, après avoir entendu les sollicitations et la harangue de quelque député en quête de popularité, viendra offrir, comme compensation, à ce malheureux cultivateur, la somme de..... dix centimes.

Et ce ne sont pas encore là les seules iniquités de notre système d'impôts.

Je suppose, cas malheureusement trop fréquent, qu'un domaine soit grevé d'hypothèques. Mettons, si vous le voulez, que sa valeur réelle soit de trente mille francs, et que le propriétaire se soit vu dans l'obligation d'en emprunter vingt mille.

Examinons, un peu, quelles vont être ses charges.

1º Il devra payer les frais d'obligation, les droits d'enregistrement et l'inscription, ainsi que du renouvellement de cette inscription, s'il y a lieu.

2º Les intérêts annuels de cette somme.

3º L'impôt total de sa propriété, sans que sa dette soit défalquée.

Que paiera le prêteur de ces vingt mille francs? Rien, tandis qu'il jouira tranquillement, et sans peine, de l'intérêt de son argent.

Que ce propriétaire vienne à mourir sans acquitter sa dette, et vous pensez, sans doute, que l'enregistrement, tenant compte de cette dette, ne réclamera aux héritiers qu'un droit de succession basé sur dix mille francs, leur fortune réelle? Il n'en est rien, le droit sera basé sur trente mille francs. Mais, si par hasard, ou par prévoyance, le prêteur a réalisé, avant sa mort, le montant de son obligation, ses héritiers auront bien soin de ne rien déclarer de ces valeurs, et par le fait de ne rien payer comme droit de succession.

Comme vous le voyez, notre système d'impôts, injuste, blessant, inique, nécessite de sérieuses réformes.

Il est de toute urgence, si nous ne voulons pas arriver à la banqueroute, où nous courrons à grands pas, d'opposer au système de dépenses à outrance, un système de sérieuses économies.

A la méthode beaucoup trop suivie d'impôts sur emprunt, il faudra adopter dorénavant la formule : Plus d'emprunt, diminution des impôts. Il faut que notre budget d'Etat, tout en contenant le plus gros chiffre possible destiné à l'amortissement de notre dette, s'équilibre par un excédent de recettes véritable, il faut que le pouvoir central veille, avec une scrupuleuse attention, à ce que les agents, placés sous ses ordres soient avares des deniers publics, et ne fassent emploi des crédits qui leur sont affectés, que pour des dépenses strictement nécessaires.

Depuis bien des années, déjà, les nombreux ministres qui se sont succédé, ont porté en tête de leurs déclarations, ces idées d'économies, d'équilibre du budget, d'amortissement de la dette, de diminutions des charges. Mais, nous sommes encore à constater leur impuissance ou leur mauvais vouloir, car, jusqu'à ce jour, ces excellentes idées sont restées sans effet.

Tout dégrèvement a été compensé, non par une économie, mais par un impôt souvent plus élevé. Nos recettes n'ont pu équilibrer nos dépenses qu'au moyen des innombrables tracasseries, en matières de finances, dont nous avons tous eu à supporter les effets.

N'a-t-on pas vu le ministère Rouvier déclarer aux Chambres, au mois de mai 1887 : « En première ligne, vient la réforme budgétaire. Elle doit avoir pour base principale, un système de sérieuses économies et de simplification des services administratifs. — Résolus à faire rendre aux impôts existants tout ce qu'ils doivent donner, nous nous appliquerons à fortifier l'autorité des agents de perception..... »

Nous savons tous que, seule, la deuxième partie du programme a été remplie, qu'elle a été malheureusement trop bien remplie, non seulement par le ministère Rouvier, mais par la plupart de ses successeurs.

Ne pensez-vous pas, comme moi, qu'il faut être réellement aveugle, ou animé de mauvais vouloir, pour ne pas voir un grand nombre d'économies réalisables ?

Les nombreux détenus qui encombrent nos prisons et dépensent sans produire, tous ces vagabonds qui se font volontairement incarcérer ne seraient-ils pas plus avantageusement occupés, sous une surveillance sévère, à la construction de nos routes et de nos chemins de fer ?

Ne croyez-vous pas que nos services administratifs pourraient être simplifiés? Que la diminution du nombre de tous ces priviligiés, qui puisent, plus ou moins directement, au budget de l'Etat, n'entraînerait pas une sérieuse diminution de nos dépenses ?

Ne trouvez-vous pas enfin, que nous avons trop de fonctionnaires, et que la plupart d'entr'eux sont trop chèrement payés ?

Vous tous, qui connaissez les privilèges de la noblesse et du clergé de l'ancien régime, privilèges matériels et moraux que la Révolution a supprimés, ne vous êtes-vous pas souvent demandé si ce mouvement ascendant du fonctionnarisme n'allait pas bientôt créer une catégorie nouvelle de priviligiés, un nouvel Etat favorisé, dans l'Etat ?

Et c'est à dessein, Messieurs, que j'emploie le mot privilège, car vous n'ignorez pas que les emplois administratifs ne sont pas toujours donnés au savoir et au mérite. Tel ministre arrivant au pouvoir, amène souvent avec lui tous ses parents et amis ; tel député, tel grand électeur, voudra caser les siens. En politique, ce seront toujours les plus bouillants, ne croyez pas que ce soient toujours les plus sages.

Mais, m'a-t-on objecté souvent, tous les anciens gouvernements ont agi ainsi. Belle excuse, vraiment ; je vous le demande, alors, pourquoi la République ne s'appelle-t-elle pas Empire, ou Restauration? Pourquoi le peuple se serait-il emparé de la Bastille ?

Je suis plein d'admiration pour le fonctionnaire dévoué au gouvernement qu'il sert, donnant toute son énergie et son temps à l'Etat ; pour le fonctionnaire actif, complaisant, cherchant à se rendre utile à tout le monde, et qui, dans l'exercice de ses fonctions ne connait que l'honneur, le devoir et la justice. Au lieu de le voir assujetti, comme cela arrive malheureusement trop souvent, à toutes les basses délations politiques, je voudrais pour lui, un avancement rapide, qui ne serait plus contrarié par la mise en place de quelqu'un moins méritant mais plus puissamment soutenu.

Vraiment, il est grand temps que cette distribution de faveurs cesse, sans quoi, il n'y aura bientôt plus que les employés de l'Etat. Il est temps que l'on dise à ces milliers de solliciteurs qui attendent des emplois : il n'y a plus de place pour personne.

Il est temps que l'on dise à ces puissants fonctionnaires, aux gros émoluments : consentez à les diminuer, ou nous allons supprimer votre charge.

Et ne croyez pas que la diminution du nombre des employés ait pour effet de retarder la marche régulière des affaires; car vous n'ignorez pas qu'il est des fonctionnaires qui, au lieu de hâter la confection des dossiers administratifs, les retardent. Retenez bien ce principe, dont bon nombre d'entre nous ont pu se convaincre de la justesse : la lenteur administrative croît en raison directe du nombre des employés.

Allons! un bon mouvement; un peu de décentralisation, moins de bureaucrates, moins de fonctionnaires de toutes sortes, ce sera de la bonne politique. Nous voulons être mieux servis et payer moins cher.

Ne terminons pas ce sujet important du budget de l'Etat, sans témoigner notre satisfaction pour le dégrèvement de 25 millions votés par les Chambres, sur le principal de la propriété non bâtie pour 1898. Si cette réduction ne s'opère pas au moyen de charges nouvelles sur d'autres chapitres, elle sera profitable à beaucoup de petits propriétaires, et ce sera un bon pas dans la voie des dégrèvements et des économies. Mon rôle critique, sévère, mais impartial, me faisait un devoir de ne pas laisser passer la chose inaperçue.

Vous connaissez le projet de loi, concernant l'impôt sur le revenu, soumis au Parlement sous le ministère Bourgeois. Vous savez que ce projet de réorganisation de notre système d'impôts avait pour but de diminuer, un peu, les inégalités que je vous ai signalées, frappant surtout sur les petits et sur nos populations rurales.

L'auteur, M. Doumer, alors ministre des finances, a voulu faire de ce système d'impôt sur le revenu, progressif et global, une réforme vraiment juste et sérieuse. Mais, vous connaissez, sans doute, le sort des réformes utiles? Ce qui devait arriver s'est produit. Le projet de loi, après avoir reçu la sanction de la Chambre, à une faible majorité, est venu s'enterrer au Sénat, qui a forcé le ministère à démissionner.

La grosse objection présentée par les adversaires a été la difficulté d'appréciation des revenus, en même temps que les inconvénients de la déclaration et de la vérification pour certaines catégories de citoyens. On s'étonne, vraiment, que de semblables vétilles aient pu exalter, à ce point, les opposants quand les inégalités qui nous écrasent n'ont pas eu pour effet d'effaroucher leur pudeur.

Au lieu de faire une opposition systématique, que n'ont-ils joint leurs efforts à ceux de leurs collègues, pour chercher les moyens propres à en assurer la mise en pratique.

Nous verrons, derrière l'opposition qui a étouffé le projet Doumer, une puissance capitaliste, qui moins bien disposée que la noblesse d'autrefois, n'a pas voulu faire l'abolition de ses privilèges.

Je ne dirai pas, Messieurs, que le projet soit exempt de reproches, car l'application de l'impôt sur le revenu présente de sérieuses difficultés qui ne seront résolues, sans doute, que peu à peu; mais nous ne témoignerons jamais assez notre reconnaissance à ceux qui, comprenant la cause du mal et voulant le faire cesser, sont venus en indiquer le remède au milieu de ces capitalistes qui tirent de ce mal un profit.

Je ne m'étendrai pas longuement, aujourd'hui, sur ce sujet important, le plus important, sans contredit de tous ceux que je suis appelé à traiter. Je craindrais de fatiguer votre bienveillante attention. Je me propose, d'ailleurs, d'en faire le sujet d'une de mes prochaines conférences.

A cette question primordiale de l'impôt, se rattache la question bien importante, aussi, de la révision du cadastre.

Cette réforme, éminemment pratique, est devenue indispensable, si nous voulons éviter les nombreux procès qui résulteront sûrement des irrégularités de délimitations, de plus en plus incertaines; si nous voulons assurer pour l'avenir la conservation de la propriété foncière.

Notre cadastre actuel, commencé en 1807, s'est terminé vers 1840. Depuis cette époque, de nombreuses transformations se sont produites; certaines parcelles se sont agglomérées, d'autres se sont morcelées à l'infini. Aucune modification n'ayant été apportée à nos plans cadastraux, il n'existe aucune trace certaine de ces changements, car nos matrices cadastrales, qui devraient les indiquer, fourmillent d'erreurs de mutations. Ce travail avait été établi, alors, pour servir de base à la répartition des contributions directes. On comprend aisément, quelles que soient les précautions qu'on ait mises à l'établir, qu'il ne peut présenter toutes les garanties qu'on exige souvent de lui, faute de mieux.

Encore, à ce point de vue des impôts; vous me pardonnerez, Messieurs, de revenir constamment sur ce sujet; le système de répartition que nous subissons, sur la propriété non bâtie, entraîne des différences de prix considérables sur les terrains de même nature. Telle terre, qui n'est séparée d'une autre, de même contenance et de même rapport, que par une division administrative, paiera quelquefois dix fois plus qu'elle. Le revenu fictif, calculé au moment de l'établissement du cadastre, n'a jamais été modifié depuis et c'est lui qui sert encore de base au calcul de l'impôt de la propriété non bâtie.

Un nouveau cadastre, établi avec tous les progrès de la science, qui serait précédé d'un abornement général, et dont le rapport serait consigné sur des plans où seraient inscrites les mesures des parcelles, nouveau travail, qui ne serait plus, comme l'ancien, destiné à durer seulement quelques années, mais qui serait constamment renouvelé et mis à jour, présenterait toutes les garanties désirables pour la conservation de la propriété foncière. En assurant aux parcelles des délimitations certaines et facilement retrouvables, il éviterait de nombreux procès.

De nouvelles évaluations parcellaires permettraient de connaître le revenu réel de chaque propriété et serviraient de base au calcul de l'impôt sur le revenu foncier.

Lorsqu'il aura été reconnu, par des hommes compétents et consciencieux, qu'un domaine, exploité dans les conditions ordinaires du pays, peut donner un certain rapport; tant mieux si le propriétaire actif et intelligent lui fait produire davantage, tant pis s'il le laisse en ruine, l'impôt sera le même; nous devons encourager le travail et combattre la paresse. Ce revenu cadastral ne serait modifié qu'autant que des évènements extraordinaires viendraient anéantir les produits du sol, ou qu'une élévation ou un abaissement général de la richesse productive d'une contrée nécessiteraient des changements dans les bases d'évaluation.

Le cadastre remplacerait pour nous la déclaration, simplification de travail qui atteindrait, en temps qu'impôt sur le revenu foncier, la limite de perfection sur laquelle nous puissions compter.

Nous réclamerons donc la discussion immédiate du projet de loi préparé par les hommes éminents qui composent la

Commission extraparlementaire instituée le 29 mai 1891.

Tandis que l'Allemagne, la Suisse, l'Australie et bon nombre d'autres nations possèdent un cadastre mis en harmonie avec les besoins de leurs habitants et des progrès de la science, la France, pays de lumière, n'a pas encore réédifié cet édifice de la conservation de la propriété foncière et de l'établissement du Crédit agricole.

Tout en souhaitant que cet immense travail soit commencé le plus tôt possible, nous aurons soin, eu égard à la dépense, de n'en demander l'achèvement qu'au bout d'un certain nombre d'années. Habitués à ne rien recevoir, nous saurons, cette fois, nous contenter de peu.

Le projet de révision du cadastre m'a amené à parler de l'établissement du Crédit agricole, création destinée à rendre d'utiles services aux cultivateurs peu fortunés, à la condition que ce crédit soit sagement limité, à la condition aussi qu'il n'en soit pas fait un vaste champ d'agiotage, destiné à spolier les produits de la terre au profit du capital.

Comme vous le voyez, nos réclamations seront toutes d'un ordre général, et si nombreux que soient nos besoins, nous éviterons avec soin de formuler toutes celles qui pourraient paraître d'un intérêt trop local. N'oublions pas que cette politique du chacun pour soi a été une des grandes plaies de cette époque ; qu'elle a créé d'innombrables et flagrantes injustices et qu'elle a jeté un vide énorme, quelquefois sans profit, dans le budget de l'Etat.

Nous laisserons donc à nos représentants, à nos Assemblées délibérantes le soin d'exposer et de soutenir nos besoins locaux, nous réservant le droit de contrôle pour juger si leurs agissements sont réellement conformes à l'intérêt général.

Mais, tout en restant dans le cadre suffisamment large des revendications générales, et pour continuer la série des réformes utiles et pratiques, nous demanderons la réduction des frais de justice et une nouvelle procédure qui ne semble plus compliquer, à dessein, les procès les plus simples ou ajourner aux calendes grecques la solution de ceux qui paraissent le plus pressants.

Je ne sais si vous trouvez que notre justice actuelle réalise l'idéal de la perfection? Au point de vue du fond, oui, sans doute, car on ne saurait méconnaître les sentiments nobles, élevés, l'idée de droiture de l'immense majorité de nos juges. Ce n'est point de ce côté que je me permettrai de l'attaquer. Mes critiques ne reposeront que sur la forme.

Vous trouverez, sans doute, qu'un peu de simplicité siérait bien à la chose?

Pour moi, qui trouve notre système de procédure beaucoup trop compliqué, je vous dirai, au risque de passer pour un naïf, voire même pour un rural, que je n'ai pas encore compris à quoi pouvaient servir ces nombreuses formalités, ces mille et un détours préalables aux procès. Si le but atteint est juste et droit, les chemins employés pour y arriver me paraissent bien tortueux.

Je suppose que vous tous, qui avez eu des procès à soutenir, vous avez fait comme moi et vous n'avez compris qu'une chose, sans doute, c'est que la note à payer était un peu élevée. Je sais que nous ne pouvons compter sur cette simplicité avec laquelle saint Louis rendait la justice, sous son chêne de Vincennes. Mais, ne pourrait-on pas réduire considérablement ces nombreuses complications qui font la joie des plaideurs endurcis, et ces frais énormes qui font reculer les timides, même avec les meilleures causes?

Ici se pose un point d'interrogation, que nous laissons aux hommes compétents en la matière le soin de trancher au mieux de nos intérêts.

Ce n'est qu'avec la plus grande circonspection que nous toucherons aux questions militaires, les choses de l'armée devant planer au-dessus des querelles de partis.

Nous ne cesserons, toutefois, de protester contre l'iniquité de la taxe militaire, en ce qui concerne la catégorie des ajournés et des réformés.

Que l'on fasse supporter aux dispensés, à n'importe quel titre, une partie de nos charges militaires, en raison de leur fortune, rien de plus juste, car enfin, ces jeunes gens tirent un certain profit de leur dispense, que rien, d'ailleurs, ne met pour eux, dans l'obligation de réclamer.

Mais, en vertu de quel droit vient-on faire payer une taxe militaire à ces déshérités de la nature, qui se présentent volontairement, au conseil de révision, et qu'un cas physique quelconque ne permet pas d'incorporer?

Est-ce leur faute s'ils ne sont pas soldats? Faut-il donc leur en vouloir si la nature les a laissé trop courts ou difformes? Ne cherchons pas, en leur imposant des charges pécuniaires, à augmenter leur infortune et à leur rappeler les inégalités physiques qu'ils ont déjà à supporter.

Je ne me permettrai aucune observation, au sujet de

notre organisation militaire. Laissons aux grands chefs, en qui nous devons avoir la plus absolue confiance, le soin d'y apporter les réformes qu'ils jugeront nécessaires. Que leur vigilante attention ne soit point troublée par aucune nécessité ni considération du dehors. Qu'ils n'aient d'autre but que de maintenir notre armée forte et puissante, d'assurer la discipline, de faire observer l'obéissance par l'inférieur et de faire ressortir partout le prestige du chef. Ne leur marchandons, pour cela, ni notre concours ni notre argent. Rappelons-nous qu'aujourd'hui, l'armée, c'est nous tous, nos frères, nos parents, nos amis. N'oublions pas que c'est elle qui chassera l'envahisseur; que c'est elle, Messieurs, qui, aux jours mauvais, délivrera la société !

Aux quelques considérations que je viens de développer ne se borne pas le cercle de nos revendications. J'aurais encore bien des sujets à traiter; mais je crois qu'il suffira d'indiquer les grandes lignes de la politique nouvelle que nous voudrions voir suivre, pour la faire comprendre dans tous ses détails. Je ne laisserai pas, cependant, passer cette occasion, sans vous indiquer de quelle façon je voudrais voir appliquer la loi du 28 mars 1882, concernant l'enseignement primaire obligatoire. D'abord, laissez-moi vous dire que je suis partisan obstiné du développement de l'instruction, et que je déplore sincèrement le sort fatal d'un grand nombre d'habitants illettrés de nos campagnes qui semblent condamnés à jouer indéfiniment le rôle de serfs et de vilains.

Je sais qu'ils sont nombreux, ceux qui attribuent à l'instruction le tort d'avoir causé la désertion de nos campagnes, et d'avoir jeté, sur le pavé des villes, ou dans les centres industriels, un nombre relativement considérable de déclassés et de meurt-de-faim. A ceux qui nous feront le procès de l'instruction, répondons-leur en faisant le procès de l'ignorance.

Si le père, un illettré, a laissé partir son fils, s'il l'a encouragé, même, à quitter la terre pour aller chercher ailleurs les conditions d'une existence plus lucrative et moins pénible, c'est que lui, un ignorant, a jugé son fils un savant, le jour où son fils lui a montré le diplôme du certificat d'études primaires.

Mon fils est bien trop instruit pour faire un cultivateur, s'est-il dit; j'en ferai un comptable, un commis de magasin, un employé de l'Etat.

Ah ! s'il avait su, ce père de famille, les cruelles déceptions qui attendraient ce jeune homme au milieu de la grande ville ; s'il avait su que l'agriculture ne consiste pas seulement dans la pratique de la routine, mais dans l'application des méthodes savantes et sûres que la science nous enseigne, il n'aurait pas aussi librement consenti à se séparer de son enfant ; il aurait épargné à la société l'augmentation d'un être inutile de plus ; il en aurait fait un bon agriculteur.

Nos campagnes supportent encore les conséquences de l'ignorance, elles les supporteront tant que le relèvement intellectuel de la masse de ses habitants ne se sera pas fait visiblement sentir.

Or, jusqu'à ce jour, malgré les dépenses énormes qui ont été faites pour l'instruction primaire, le nombre des enfants, dans nos campagnes, qui fréquentent nos écoles ne s'est guère augmenté. Le gouvernement a dû se montrer impuissant à faire l'application de la loi.

Avez-vous jamais supposé, législateurs, ministres ou fonctionnaires de l'instruction publique, obtenir de bons résultats par la force ?

Avez-vous pensé que vous pourriez impunément attribuer des amendes aux pères de famille récalcitrants, voir, les jeter en prison, par le fait seul qu'ils se refuseraient à envoyer leurs enfants à l'école ? Que n'avez-vous donc, préalablement, cherché, par de sages conseils, à le persuader des bienfaits de l'instruction ?

Que n'avez-vous, s'il était pauvre, cherché à lui venir en aide ?

Les millions gaspillés à la construction de nos palais scolaires, dont la plupart, aujourd'hui, se lézardent et menacent ruine, auraient été mieux employés, ce me semble, à secourir les familles trop pauvres pour pouvoir se dispenser de leurs enfants.

Je voudrais voir un mouvement général se dessiner, dans nos campagnes, en faveur de l'instruction. Je voudrais voir toutes les branches de l'administration la propager par tous les moyens possibles. Je voudrais que des Comités communaux se créent pour en démontrer l'utilité. Je voudrais voir le maire et le conseil municipal, assistés de l'inspecteur primaire et des délégués cantonaux, présider avec solennité des distributions de prix, jusque dans nos plus petites communes. Je voudrais, enfin, que l'on vint en aide aux familles nécessiteuses qui auraient des enfants en âge de fréquenter nos écoles.

Espérer dompter l'endurcissement des pères de famille contre l'instruction autrement que par la douceur, ne serait que chimère. Vouloir forcer les misérables, sans une juste compensation, à se priver du travail de leurs enfants, si minime soit-il, ne serait qu'injustice.

Je ne me dissimule pas, que pour arriver au résultat que je souhaite, la tâche sera longue et ardue. Que la dépense nécessitée par le secours aux indigents sera grande. Je ne crois pas que cela soit au-dessus de nos efforts.

Aux grands maux, les grands remèdes ! L'ignorance est une des plaies de nos campagnes.

Je suis loin d'être opposé à la création des bourses de l'enseignement, car il ne faut pas que les indigents doués d'une grande intelligence, soient empêchés, par leur pauvreté, de pouvoir arriver aux situations élevées, qui ne doivent pas être uniquement réservées aux riches.

Mais il serait juste, et sur ce point, les boursiers eux-mêmes reconnaîtront la justesse de ma proposition, que ces derniers, arrivés à la fortune, fassent retour à l'Etat des sommes avancées par lui.

Ce serait peu de chose, pour certains, eu égard aux bienfaits qu'ils auraient reçus, et la somme réalisée viendrait alimenter notre Caisse de secours aux écoles. Il ne serait rien réclamé à ceux qui n'auraient pu arriver à une certaine aisance.

Lorsque, par les encouragements et les bons conseils, nous serons arrivés à faire que tous les enfants, riches ou pauvres, fréquentent les écoles, un grand devoir incombera à nos instituteurs.

A eux, de faire cesser la mauvaise renommée qui pèse encore sur le développement de l'instruction, à eux de faire de ces enfants de bons citoyens.

Je voudrais voir les instituteurs toujours choisis parmi les hommes dignes et méritants. Je voudrais leur voir pratiquer en toute circonstance, et toujours enseigner une saine morale. Je voudrais ne voir en eux que des modèles.

Le rôle de l'instituteur est immense, c'est lui qui doit instruire les jeunes générations dans la pratique du bien. C'est lui qui doit préparer la société.

Parmi les questions qui, en ce moment, préoccupent le plus l'opinion publique, se pose certainement la question sociale.

C'est par là que je vais terminer cet exposé de la situation politique actuelle.

Sur une aussi importante affaire, l'indifférence habituelle de nos populations campagnardes ne saurait se prolonger plus longtemps. Il est temps que nous fassions connaître notre avis, dont on semblerait, à dessein, sans doute, vouloir se passer.

Parmi les idées nouvelles, nous ferons, si vous le voulez bien, une différence entre le socialisme et le communisme ou collectivisme.

Le rêve collectiviste, si beau soit-il dans sa conception, est irréalisable, car il suppose les êtres doués de perfections morales qui n'existeront jamais ici-bas. Qui dit collectivisme dit révolution. Révolution funeste qui bouleverserait les choses existantes et préparerait l'avènement de choses pires.

Figurons-nous nos terres, nos maisons, nos meubles, tout ce que nous possédons, fusionnés, confondus dans la masse commune; tous les membres de la société, travaillant en bloc, et recevant à part égale, sans regarder à celui qui aurait le plus contribué à faire fructifier cet immense actif commercial.

Avez-vous jamais pensé à la tâche énorme qui incomberait au dispensateur des revenus ; à l'édifice colossal de lois et de règlements qu'il faudrait élaborer pour en faciliter l'administration?

D'aucuns prétendent, que dans ce nouvel Eden, il n'y aurait plus de lois. Gageons, nous, qu'il n'y aurait plus de société. Non content de supprimer la propriété, le collectivisme supprimerait aussi la famille. Les rhéteurs, en la matière, ont déjà mis en avant l'idée de réunir les enfants, et de les élever en commun, suppression du père et de la mère : tout à la collectivité.

On frémit, à l'idée de penser qu'il en est qui puissent rêver de pareilles utopies.

Et, ne croyez pas que leur nombre soit aussi restreint qu'il y ait lieu de le considérer comme une quantité négligeable.

Parmi les députés qui composent à la Chambre la minorité déjà importante du collectivisme, bien peu, j'en suis sûr, sont sincères, bien peu comptent voir la réussite de leurs chimériques idées. La plupart d'entre eux n'exploitent la révolte de la misère que pour leur ambition personnelle.

Ils savent que rien ne satisfait mieux la soif que l'approche d'un séduisant liquide : prenons garde que ce breuvage ne soit pas un poison.

Quelle que soit notre triste situation, nous fuirons les propagateurs de ces fausses doctrines ; leur arrivée au pouvoir entrainerait la guerre civile ; l'application momentanée de leurs redoutables et impossibles théories préparerait l'avènement d'une réaction cléricale ou césarienne.

Bien qu'aujourd'hui ces mots soient presque synonymes, entre le collectivisme et le socialisme, tel du moins que nous le comprenons, il y a une immensité. Notre socialisme, à nous, veut améliorer la société, nous savons que le collectivisme la détruit. Nous tous, qui sommes d'honnêtes gens, nous supposerons que la fortune individuelle est justement acquise.

Que les riches, de quelque façon qu'ils détiennent leurs richesses, se rassurent, leur capital mobilier ou immobilier sera sauvegardé ; nos idées n'auront pas d'effets rétrospectifs.

Nous ne permettrons jamais que l'Etat s'empare de nos biens pour les réunir à la masse, en faire bénéficier la paresse au détriment du travail.

Mais à l'avenir, comprenant que toute personne doit son travail à la société, et que dans cette société bien organisée, il ne doit y avoir ni pauvre qui meure de faim en travaillant, ni riche qui puisse vivre de ses revenus sans travailler, nous frapperons la richesse ; nous ne tolèrerons plus que ce soient les petits qui supportent toutes les charges de la société.

Nous voudrons que notre code se complète par la création de nombreuses lois d'assistance, dont le riche supportera les frais.

L'abaissement des grosses fortunes sera le commencement du bien-être général.

Et, dans de semblables conditions, la question sociale sera résolue, le jour où tout le monde, non content de réclamer ses droits, comprendra aussi ses devoirs, et fera application de cette sage maxime : « Ne fais pas aux autres ce que tu ne voudrais pas qui te soit fait à toi-même. »

Nous chercherons à exclure de la société, par tous les moyens possibles, sans distinction de robe ni de religion, trois catégories de citoyens : Le jésuite, esprit trompeur,

— 25 —

qui cherche à se créer sur la terre la domination spirituelle en agissant sur l'ignorance.

Le juif, qui cherche, par tous les procédés, à y établir sa domination temporelle et n'adore que l'argent.

Le paresseux, qui est un être inutile, et qui dépense sans produire.

Un conseil, campagnards, mes amis, avant de terminer; à vous tous, agriculteurs, commerçants ou ouvriers de le méditer. Nous sommes tous des socialistes, car nous faisons journellement application des principes du vrai socialisme, car qui, mieux que nous, travaille pour la société?

Ne quittons pas nos champs, nos petites bourgades, ne désertons pas nos campagnes pour aller chercher ailleurs l'infortune et la misère.

Si nous sommes actuellement misérables et déshérités, comptons sur des jours meilleurs. Pareil au flux de la mer, le trop-plein des villes reviendra à la campagne; le capital argent, frappé dans ses revenus, se transformera en capital immobilier, qui aura besoin, pour le faire fructifier, d'hommes instruits et intelligents. L'élite de nos agriculteurs sera activement recherchée; nos jeunes gens ne seront plus en quête d'emplois de toute sorte; ils resteront diriger eux-mêmes leur exploitation en cherchant à se tenir constamment au courant des progrès de la science, ou feront d'excellents contre-maîtres.

Ce déplacement de nos richesses entrainera forcément le bien-être parmi les petits cultivateurs, parmi les ouvriers agricoles ou autres, parmi nos commerçants; car vous savez tous que le propriétaire dans l'aisance devient prodigue de son avoir et ne marchande ni ses achats ni ses salaires.

Et sur quelle forme de gouvernement devons-nous compter pour réaliser ce progrès, pour faire aboutir nos justes revendications, pour mettre à exécution ces sages réformes si ardemment attendues? Le principe de l'hérédité monarchique est injuste et faux. Le régime despotique ne saurait convenir qu'à des esclaves. La forme républicaine, seule, est digne d'une grande nation. Mais il faut que cette République marche de l'avant ; il faut que les principes qui en feront sa force ne soient plus méconnus.

Et que nous importe la forme du gouvernement, nous disent souvent les plus endurcis réactionnaires! Nous serions républicains, si les affaires allaient bien.

Oui, Messieurs, que les affaires marchent! En peu de mots, cela résume notre programme.

Souhaitons l'avènement de cette République nouvelle, de cette République d'ordre et de progrès, et que sa noble devise : Liberté, Egalité, Fraternité! soit inscrite non-seulement sur le fronton de nos édifices publics, mais dans nos cœurs.

Des applaudissements accueillent la péroraison de ce discours plusieurs fois interrompu par les marques d'approbation de l'assistance.

M. Biret donne ensuite lecture du projet de pétition à soumettre aux électeurs.

Pétition des Electeurs du canton de Saint-Aulaye. Cahier des charges à remettre à M. le Député de la Circonscription de Ribérac.

A Monsieur le Président de la Chambre des Députés, à Messieurs les Députés, Paris.

Citoyens, Représentants de la Nation,

Nous, électeurs soussignés du canton de Saint-Aulaye, arrondissement de Ribérac (Dordogne), afin de conjurer la misère et la ruine qui envahissent de plus en plus les campagnes, et dont le fâcheux contre-coup menace la société tout entière, avons l'honneur de vous prier de vouloir bien faire le nécessaire pour favoriser l'agriculture et la soulager des nombreuses charges auxquelles elle est assujettie.

Nous vous demandons, notamment :

1° La suppression de l'impôt foncier.

2° La diminution des droits de mutation en ce qui concerne les ventes immobilières.

3° L'établissement d'un régime douanier qui favorise nos éleveurs au détriment de l'importation.

4° Une sage organisation du Crédit agricole.

5° La création de chambres consultatives d'agriculture.

6° L'extension du programme de l'enseignement agricole dans les écoles primaires et dans les écoles primaires supérieures.

7° L'encouragement aux sociétés agricoles ainsi qu'à l'initiative individuelle, tant du modeste travailleur des champs que de l'agronome.

8° La répression énergique de la spéculation malhonnête qui appauvrit le cultivateur.

9° Le ralentissement du mouvement qui appelle vers les villes les forces des campagnes.

Désolés de voir la lutte incessante des partis qui paralyse les affaires du pays, le gaspillage financier qui a pour conséquence l'augmentation continuelle des dettes et des impôts, nous sommes désireux de voir le Parlement disposé à suivre et à encourager une politique d'apaisement, d'ordre, de progrès, à réduire nos dépenses et à appliquer une méthode de sérieuses économies :

1° En diminuant le nombre des privilégiés qui puisent plus ou moins directement au budget de l'Etat.

2° En simplifiant les services administratifs par la décentralisation.

3° En arrêtant le mouvement ascendant du fonctionnarisme, et en réduisant les gros traitements.

4° En employant les prisonniers à la construction de nos routes et de nos chemins de fer.

Fatigués de voir les petits supporter la majeure partie des charges de la société, nous réclamons l'établissement d'un impôt progressif et global, sur le revenu, qui, en atteignant les gros, assurera le bien-être des petits.

Comme moyen d'établir le revenu du cultivateur, et afin d'éviter les inconvénients de la déclaration, nous proposons une nouvelle évaluation du revenu net de la propriété non bâtie. Nous réclamons la révision du cadastre, nécessaire pour le calcul de ce revenu, indispensable pour assurer à l'avenir la conservation de la propriété foncière.

Persuadés, eu égard aux difficultés de la dépense, que cet immense travail nécessitera un temps assez long d'exécution, et désireux de voir aboutir, le plus tôt possible, le projet d'impôt sur le revenu, nous demandons que le revenu du cultivateur soit provisoirement calculé d'après une sage répartition des revenus cadastraux actuels.

Nos réclamations se compléteront: 1° Par la demande de la suppression du passif dans le paiement des droits de succession et de mutation.

2° La diminution des frais judiciaires, et la simplification de la procédure.

3° La suppression de la taxe militaire, en ce qui concerne la catégorie des ajournés et des réformés.

Nous réclamons aussi le développement de l'instruction dans nos campagnes, non par l'application de la loi en ce qu'elle peut avoir de brutal, mais par de sages encouragements, par de bons conseils, par la création de Comités locaux dévoués à la cause,

Nous voulons que l'Etat vienne en aide aux familles trop pauvres pour pouvoir se dispenser de leurs enfants.

Nous proposons une ressource, à cette dépense : Nous voudrions qu'à l'avenir, les boursiers de l'enseignement parvenus à l'aisance fassent retour à l'Etat des sommes avancées par lui.

Comme orientation générale de la politique, nous sommes nettement opposés aux idées trop avancées et irréalisables du collectivisme ; mais nous voulons que l'Etat allège considérablement les nombreuses charges du travail et frappe la richesse. Nous voulons la création de nouvelles lois d'assistance ; un plus grand nombre d'établissements hospitaliers, dans nos campagnes, dont les frais seront supportés, non par les communes ou par les départements, mais par l'Etat.

Nous nous permettrons de demander une légère modification à nos lois constitutionnelles.

Le nombre des délégués sénatoriaux devrait être augmenté, et afin d'introduire dans nos conseils municipaux un apaisement politique si nécessaire pour le bon fonctionnement des affaires, les délégués communaux devraient être directement nommés par le suffrage universel.

Nous remettrons le présent cahier des charges à notre Député, que nous chargeons de présenter et de soutenir les réclamations qu'il contient.

Nous vous faisons part, Monsieur le Président, messieurs les Députés, de notre foi républicaine.

La discussion générale ayant été déclarée ouverte au sujet de cette pétition, et aucune objection n'ayant été formulée, le Président met aux voix, à mains levées son adoption.

Pour le projet : Plus de quatre cents mains se lèvent.
Contre le projet : Pas une main ne se lève.

En conformité de ce vote, le Président du Comité central, déclare que le projet de pétition dont il vient d'être donné lecture sera présenté aux électeurs, sans modifications.

M. Biret se lève de nouveau pour adresser des remerciements.

Messieurs,

Je crois être l'interprète de l'assemblée tout entière en adressant des remerciements à messieurs les membres du bureau qui ont bien voulu présider votre réunion.

Je ne laisserai pas, non plus, passer cette occasion, sans adresser mes remerciements personnels et d'une façon toute spéciale à toutes les personnes présentes ou absentes qui ont bien voulu s'intéresser à l'œuvre que j'ai entreprise et m'assurer de leur appui; aussi à messieurs les membres du Comité central, toujours dévoués lorsqu'il s'agit de défendre les intérêts de la bonne cause. Vous tous, messieurs, qui m'avez été d'un si précieux concours, recevez ici l'expression de ma reconnnaissance.

Enfin, vous tous, mes amis, qui m'écoutez, qui avez quitté vos villages, vos occupations nombreuses, car, on ne saurait dire que pour vous le dimanche est un jour de repos, vous qui avez franchi de grandes distances pour vous rendre au lieu de la réunion, emportez nos remerciements.

Dites partout, à vos amis, à vos voisins ce que vous venez d'entendre. Dites-leur bien qu'il existe un Comité cantonal, dont les membres, laissant de côté toute question personnelle, sont uniquement préoccupés de la défense de vos intérêts.

Puissent des Comités semblables se créer dans tous les cantons ruraux de France !

Puisse votre noble exemple être suivi par tous nos camarades !

Le succès serait certain.

Serrons-nous de près, mes amis, pour crier haut et bien fort ; pour dire que nous sommes malheureux et que nous voulons une amélioration de notre sort. Nous pouvons crier fort, car nous sommes nombreux ; nous nous ferons entendre de loin si nous sommes groupés.

En terminant, je ferai à tous un chaleureux appel.

A toutes les personnes de bonne volonté, à toutes celles qu'anime un peu cette vieille énergie gauloise, je crierai : Debout ! Debout, pour le triomphe de nos justes et légitimes revendications; debout pour faire aboutir ces réformes si ardemment attendues.

Prenant une part active au grand champ du travail, nous voulons avoir notre place marquée à la table de l'existence.

Messieurs,

Au nom du Comité central, je vous annonce officiellement la création de la Ligue républicaine progressiste du canton de Saint-Aulaye.

Il est ensuite procédé à l'élection du Sous-Comité de la Ligue pour la commune de Saint-Aulaye, qui doit être composé de douze membres.

Ces douze membres ont été élus par acclamation.

La séance, ouverte à une heure, a été close à quatre heures.

Certifié exact le présent procès-verbal.

Saint-Aulaye, le dix octobre mil huit cent quatre-vingt-dix-sept.

Les Assesseurs,   *Le Président du Bureau,*

E. REGONDEAU, CHINAGUET.   PETIT.

Le Président du Comité central

BIRET.

www.ingramcontent.com/pod-product-compliance
Lightning Source LLC
Chambersburg PA
CBHW060503050426
42451CB00009B/797